SBN - 978-0-9917887-8-1

Ce livre a été inspiré par ma chère mère Elizabeth, et la chère fille Victoria xo ..

Un grand merci à Angel Brkic dont les talents artistiques ont mis ces mots à la vie.

Je suis tellement reconnaissant pour l'amour et le soutien de mon cher mari Barry, et toute ma famille et mes amis qui m'ont encouragé en cours de route.

Matlox Publishing

Chaque matin, lorsque Lizzy se réveilla, elle commencerait sa journée en disant des choses comme «Je n'aime pas la façon dont mes cheveux ressemblent, et mon nez est trop grand, et mes joues sont trop gros». Lizzy se regarderait dans le miroir et continuez à dire ces choses encore et encore.

Quand Lizzy irait à l'école, elle se disait: "je ne reçois pas ce travail scolaire, c'est trop dur, et je suis trop stupide."

Lizzy rentrait à la maison, et elle se sentirait fatiguée et triste.

La mère de Lizzy lui demanderait: «Vous êtes-vous amusé à l'école aujourd'hui?» Et Lizzy disait «Non!» aussi fort que possible.

Un jour, la mère de Lizzy a dit: "Venez ici, je veux que vous rencontriez nos nouveaux voisins. Ils ont une fille à propos de votre âge. "Lizzy est sorti à la cuisine et il y avait une fille avec le plus grand sourire sur son visage.

Lizzy a dit, "Salut" et regarda le sol. La fille a dit, "Salut Lizzy, je suis Victoria et je suis si heureux que nous pouvons être amis." Les deux filles sont allées dans la chambre de Lizzy pour jouer.

jouets

Victoria disait: "je suis tellement reconnaissante de t'avoir rencontré Lizzy, et que nous vivons si près l'un de l'autre." Lizzy sourit, elle a ressenti la même chose aussi.

Il semblait que Victoria était reconnaissant pour beaucoup de choses. Quand ils ont mangé le dîner Victoria dirais qu'elle était reconnaissante pour la bonne nourriture qu'elle mangeait. Lizzy pensé à la façon dont Victoria heureux toujours semblé être, et Lizzy voulait savoir comment elle pourrait être aussi heureux.

Lizzy se réveilla le lendemain matin et a traversé toutes les choses qu'elle n'a pas aimé d'elle-même. Elle se sentait encore triste, et la pensée, je vais découvrir pourquoi Victoria est si heureuse tout le temps.

Lizzy est allé à la maison de Victoria, et frappa à la porte. La mère de Victoria répondit et dit à Lizzy d'aller monter les escaliers, que Victoria était dans sa chambre. Comme Lizzy montait les escaliers, elle a entendu de la musique venant de la chambre.

Elle se tenait à la porte, et elle pouvait entendre Victoria crier au-dessus de la musique. "J'aime mes cheveux, j'aime mon visage, j'aime ma maison, et j'aime mes amis." Lizzy ouvrit la porte, et entra dans la salle. Victoria sautait sur le lit, et criait d'aimer tout.

Victoria fit signe à Lizzy de se joindre à elle sur le lit, et les deux filles sautèrent et criaient en mentionnant tout ce qu'ils aimaient.

Après avoir fait cela pendant un certain temps, les deux filles sont tombées sur le lit et se mit à rire jusqu'à ce qu'ils avaient des larmes dans leurs yeux.

Cette nuit-là, quand la mère de Lizzy mettait Lizzy au lit, elle demanda: «avez-vous eu du plaisir aujourd'hui?» Lizzy avait le plus grand sourire jamais comme elle a dit "Oui maman, j'ai eu le meilleur moment et je sais maintenant comment être heureux."

La mère de Lizzy écouté tandis que Lizzy lui a dit combien il est important d'être reconnaissant et aimer tout sur vous-même. Il vous fait sentir léger et heureux quand vous faites.

La mère de Lizzy a éteint la lumière, et a dit: "Je t'aime Lizzy." Lizzy a dit, je t'aime trop maman, "et puis elle murmura à elle-même," Je t'aime Lizzy. "

www.ingramcontent.com/pod-product-compliance
Lightning Source LLC
Chambersburg PA
CBHW040232070426
42447CB00030B/155